(Conserver la couverture)

STATUTS

DU

COMITÉ DÉPARTEMENTAL

de Secours aux Blessés

DU LOIRET

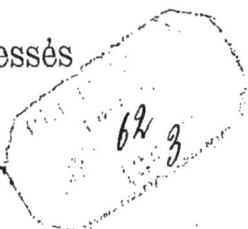

ORLÉANS.

IMPRIMERIE D'ÉMILE PUGET ET Cⁱᵉ, RUE VIEILLE-POTERIE, 9.

—

1873.

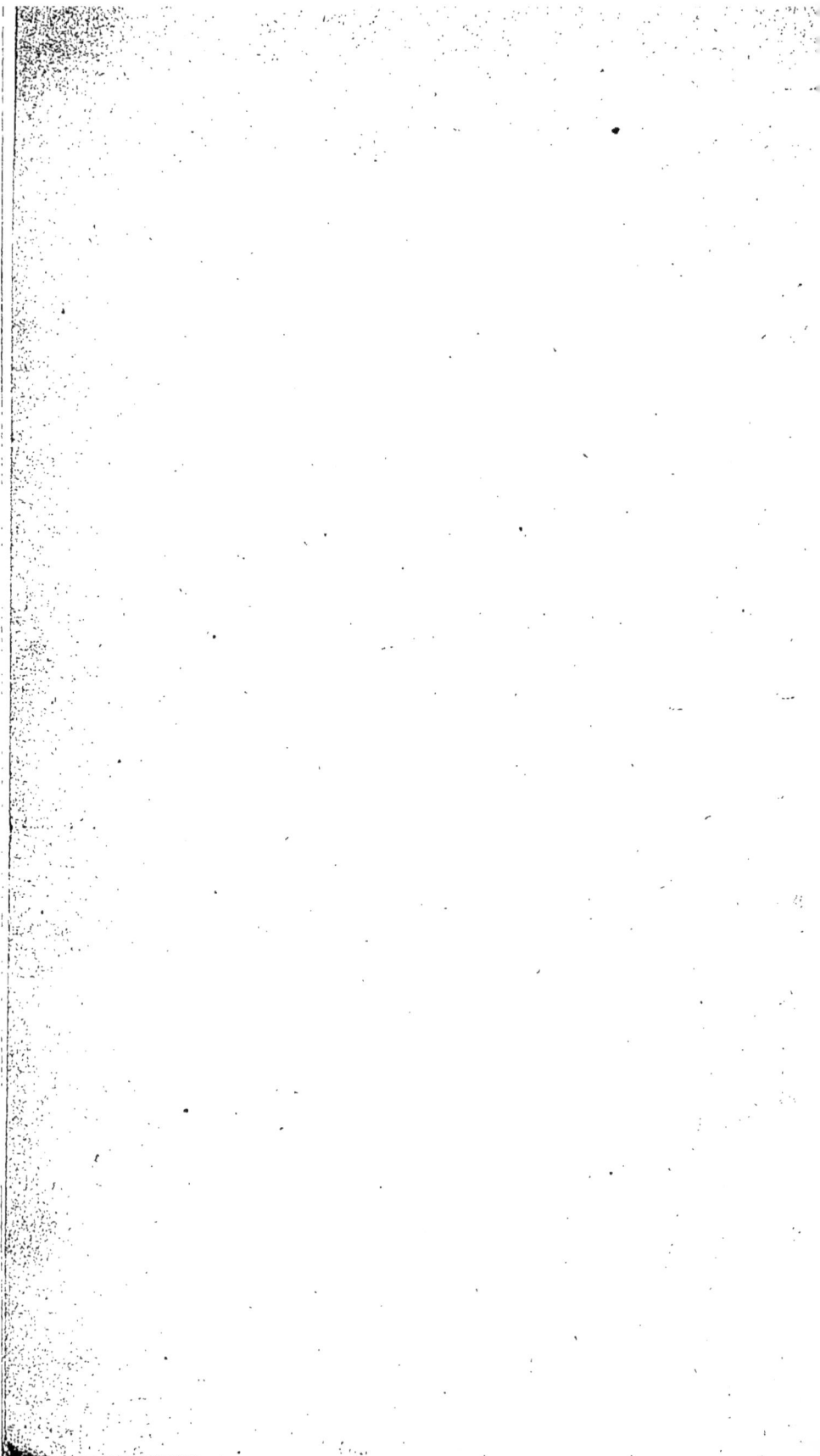

COMITÉ DÉPARTEMENTAL
de Secours aux Blessés
DU LOIRET.

On sait les nombreuses et chaudes sympathies, l'appui dévoué et généreux que l'Œuvre des blessés a rencontrés dans tout le département du Loiret. — 12,000 Français soignés dans nos ambulances, et recueillis pour la plupart sur les champs de bataille pour être amenés dans les maisons hospitalières de nos villes et de nos moindres villages, proclament assez hautement les services qui, grâce au concours dévoué de tous nos concitoyens, ont été rendus à notre armée pendant la dernière guerre.

Mais la guerre de 1870 a laissé chez nous bien des souffrances et bien des misères à adoucir et à soulager. Les blessés sont rentrés dans leurs foyers : les uns, pourvus d'une allocation insuffisante pour les faire vivre ; les autres, guéris en apparence, mais trop faibles encore pour pouvoir subvenir à leur existence. Beaucoup ont disparu laissant après eux une veuve et des enfants privés de toute ressource. Parmi ceux-là se sont trouvés un grand nombre d'habitants réquisitionnés pour les transports de l'armée, ou morts victimes des brutalités de l'ennemi : à leurs veuves, pour la plupart déjà âgées et chargées de famille, l'État ne reconnaît pas le droit à la pension de 116 francs qui assure au moins un morceau de pain à la veuve du soldat mort au service. A tous ces infortunés enfin viennent s'ajouter encore les ascendants que la guerre a privés de leur unique soutien.

Les besoins dont le Comité a dû se préoccuper sont donc nombreux : on jugera de leur importance par les chiffres suivants :

131 veuves, dont 56 veuves de civils qui n'ont droit à aucune pension. — 192 blessés et 250 ascendants de soldats morts pendant la guerre ont été secourus. Une somme de 80,000 francs environ a été ainsi distribuée dans la seule année 1872.

Ces secours ont été obtenus, pour la plus grande partie, d'une Commission supérieure qui fonctionnait au Ministère des Finances, et qui disposait de fonds provenant des offrandes nationales.

Mais cette Commission est arrivée au terme de son mandat, et c'est au Comité départemental seul qu'il appartient désormais de venir en aide à ces malheureuses victimes de la guerre.

Or les ressources du Comité sont limitées, et il lui serait impossible de faire face aux obligations qu'il s'est imposées, si nos concitoyens ne venaient l'aider en s'associant largement et effectivement à l'œuvre entreprise en commun depuis 1870. Dans ce but, un nouveau réglement a été formulé et arrêté par le Comité qui, d'après ce réglement, admet désormais dans son sein toutes les personnes qui s'intéressent aux blessés, aux veuves et aux parents des soldats morts sur le champ de bataille.

Le chiffre de la cotisation a été fixée à 6 francs seulement. Le Comité a pensé en effet que, dans cette œuvre de charité patriotique, on devait abaisser la souscription à son minimum pour avoir le concours du plus grand nombre.

Nous ne saurions trop le répéter : l'Œuvre des secours aux blessés est essentiellement patriotique et nationale. Le Comité espère que son appel sera entendu par tous les hommes de cœur et de bonne volonté.

Pour le Comité départemental :
Le Vice-Président du Comité,
FROT.

Les adhésions sont reçues au bureau du Comité, rue du Bourgneuf, 8, et chez MM. BEAUVILLAIN, — DE BOISJOLLY, — DELORME, — abbé DESNOYERS, — FROT, — abbé JACOTTE, — docteur PATAY, — PROUST-MICHEL, — Alb. DE PUYVALLÉE, — baron L. DE LA TOUANNE, — et TRANCHAU.

STATUTS

DU

COMITÉ DÉPARTEMENTAL

de Secours aux Blessés

DU DÉPARTEMENT DU LOIRET.

———

TITRE Ier.

But du Comité.

ART. Ier.

Le Comité départemental de secours aux blessés du département du Loiret a pour but principal de venir en aide aux victimes de la guerre, résidant dans le département, dénommées ci-après :

Soldats blessés que la gravité de leurs blessures met dans l'impossibilité de subvenir à leur existence;

Veuves et orphelins des soldats tués sur le champ de bataille ou morts des suites de blessures ou de maladies contractées au service;

Ascendants réduits à la misère par la privation de leurs soutiens, morts des suites de la guerre.

ART. 2.

La protection du Comité s'étend également à tous les habitants qui, quoique civils, se trouvent, par suite d'un fait de guerre, dans l'une des situations indiquées à l'art. Ier.

Art. 3.

Le Comité, tout en conservant son autonomie complète dans le département du Loiret, est régulièrement affilié à la Société française de secours aux blessés militaires des armées de terre et de mer qui a son siège à Paris, et contribue à la création d'un fonds de réserve et d'études, en adressant, chaque année, à cette Société, le cinquième des souscriptions qu'il a recueillies pendant l'année,

A titre de réciprocité, le Comité départemental de secours aux blessés du département du Loiret est compris dans les distributions de secours qui sont faites par la Société française de secours à laquelle elle est affiliée, et participe à tous les avantages dont elle jouirait elle-même.

Art. 4.

En temps de guerre, nationale ou étrangère, le Comité contribue, dans la mesure de ses ressources, au soulagement des blessés et des malades sur les champs de bataille, dans les ambulances et dans les hôpitaux.

Il se place sous la direction de la Société française de secours aux blessés et de ses délégués pour les opérations de toute nature qu'il voudrait effectuer en dehors du département du Loiret.

TITRE II.

Composition du Comité.

Art. 5.

Le Comité se compose de membres souscripteurs en nombre illimité.

Art. 6.

Pour être membre du Comité, il faut en faire la demande par lettre au Président, et s'engager à payer la cotisation annuelle.

La Commission exécutive statue, à la majorité absolue des membres présents, sur les demandes d'admission.

Font de droit partie du Comité les membres du Comité départemental nommés jusqu'à ce jour par le Préfet du Loiret.

TITRE III.

Commission exécutive.

Art. 7.

Une Commission exécutive, composée de quinze membres nommés en assemblée générale, représente et administre le Comité.

Art. 8.

Les membres de la Commission exécutive sont nommés pour trois ans et renouvelés par tiers chaque année, suivant un roulement indiqué par le sort.

Art. 9.

Les membres de la Commission exécutive sont toujours rééligibles.

Art. 10.

La Commission choisit dans son sein un Président, un Vice-Président, un Trésorier et un Secrétaire qui restent en fonctions jusqu'à l'expiration de leur mandat de membres de la Commission exécutive.

Art. 11.

Sont de droit Présidents honoraires, quand ils font partie du Comité :
MM. le Premier Président de la Cour d'appel ;
    le Préfet du Loiret ;
    l'Évêque d'Orléans ;
    le Général commandant la subdivision du Loiret ;
    le Maire d'Orléans.

ART. 12.

Les décisions de la Commission exécutive sont prises à la majorité absolue des membres présents. En cas de partage, la voix du Président est prépondérante.

ART. 13.

La Commission exécutive se réunit aussi souvent que l'exigent les intérêts du Comité, et au moins une fois par mois.

ART. 14.

Les secours votés par la Commission sont mandatés par le Président et visés par un membre de la Commission.

TITRE IV.

Assemblées générales.

ART. 15.

Le Comité est réuni en Assemblée générale dans le courant du mois de janvier de chaque année.

ART. 16.

Dans cette séance, l'Assemblée générale approuve, s'il y a lieu, le rapport annuel de la Commission exécutive, et le compte des recettes et dépenses préalablement vérifié et arrêté par la Commission, fixe la fraction du capital mise à la disposition de la Commission pour l'année suivante, ainsi qu'il est dit à l'article 22, et procède, au scrutin secret, au remplacement des membres sortants.

ART. 17.

La Commission exécutive peut en outre convoquer une Assemblée générale toutes les fois qu'elle le jugera nécessaire.

TITRE V.

Fonds du Comité

ART. 18.

Les revenus du Comité se composent :

1° Du revenu des biens et valeurs de toutes sortes lui appartenant ;

2° Des cotisations annuelles payées par les membres de l'Œuvre, défalcation faite du cinquième de ces cotisations envoyé à la Société française de secours aux blessés pour former un fonds de réserve et d'études ;

3° Des dons volontaires ;

4° Des quêtes, ventes, concerts, etc., autorisés à son profit ;

5° Des subventions qui pourraient lui être accordées.

ART. 19.

La cotisation annuelle de chaque membre est de 6 fr.

ART. 20.

Le Comité reçoit avec reconnaissance tous les dons qu'on veut bien lui faire.

ART. 21.

Le nombre des infortunes que le Comité a pour but principal de soulager devant diminuer d'année en année, une partie du capital pourra être aliénée. Chaque année, un vote de l'Assemblée générale fixera la fraction du capital social qui pourra être aliénée dans le cours de l'année suivante, sans que les aliénations successives puissent réduire le capital à une somme inférieure à 40,000 fr.

TITRE VI.

Dispositions générales.

ART. 22.

Les statuts ne pourront être modifiés que sur une proposition de la Commission exécutive approuvée en Assemblée générale et soumise à l'approbation du Gouvernement.

ART 23.

Un réglement, arrêté par la Commission exécutive, déterminera les conditions d'administration intérieure. Il sera communiqué au Gouvernement.

Orléans. — Imp. d'Emile Puget et Cie.

21

www.ingramcontent.com/pod-product-compliance
Lightning Source LLC
Chambersburg PA
CBHW060737280326
41933CB00013B/2680